Garfield

ALBUM GARFIELD

PRESSES AVENTURE

Publié par **Presses Aventure,** une division de
Les Publications Modus Vivendi inc.
55, rue Jean-Talon Ouest, 2e étage
Montréal (Québec)
Canada
H2T 1R8

Conception de la couverture : Marc Alain
Infographie : Modus Vivendi
Version française : Jean-Robert Saucyer

Dépôt légal, 1er trimestre 2004
Bibliothèque nationale du Québec
Bibliothèque nationale du Canada

ISBN : 2-89543-143-4

Nous reconnaissons le soutien financier du gouvernement du Canada par
l'entremise du Programme d'aide au développement de l'industrie de l'édition
(PADIÉ) pour nos activités d'édition.

Gouvernement du Québec – Programme de crédit d'impôt pour l'édition de
livres – Gestion SODEC

PALMARÈS DES 10 MEILLEURES RAISONS DE PRÉFÉRER LE CHAT AU CHIEN

10) LA BAVE DE CHIEN

9) UN CHAT NE CULTIVE AUCUN INTÉRÊT ENVERS VOS MOLLETS

8) ÉCRASER LA QUEUE D'UN CHAT FAIT DÉTALER LES CAMBRIOLEURS

7) L'HALEINE DE SON CHIEN PEUT-ÊTRE MORTELLE

6) UN CHAT FAIT TOUJOURS LE PLEIN D'ESSENCE AVANT DE VOUS RENDRE VOTRE BAGNOLE

5) GRÂCE AU CHAT, VOTRE JARDIN SERA SOUSTRAIT AUX RENGAINES INSUPPORTABLES DU MERLE CHANTEUR

4) UN CHAT NE VOUS ENTRAÎNE PAS EN PLEIN BLIZZARD SIMPLEMENT POUR LEVER LA PATTE SUR UN TRONC D'ARBRE

3) AVEZ-VOUS DÉJÀ VISIONNÉ "CUJO"?

2) UN CHIEN APPORTE LE JOURNAL, FAIT DES ROULADES, FAIT LE BEAU ET QUÉMANDE; UN CHAT DIRIGE, ÉQUILIBRE LE BUDGET ET ADMINISTRE LA RESPIRATION ARTIFICIELLE

1) GARFIELD, ODIE. TERMINÉ!

3

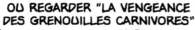

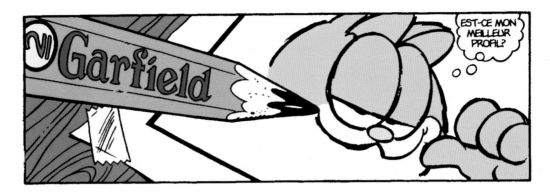

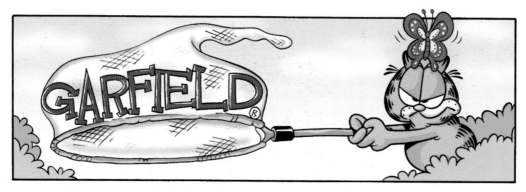

TU **ACCEPTES** DE SORTIR AVEC MOI? ... SI JE QUOI? ...

CLUC-CLUC-BOC-BOC-BOC-BOC-KÂÂÂ...

SI JE QUOI?

OUI, J'AGITE LES COUDES

PLAISE AU CIEL QU'IL NE SE METTE PAS DANS L'EMBARRAS DEVANT UN CHAT

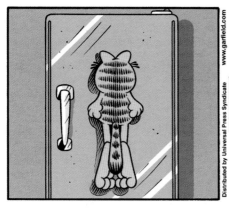

T'AS ENCORE BOUFFÉ DES AIMANTS DE FRIGO FIGURANT DES FRUITS?

PEUT-ÊTRE BIEN

BAT

BAT BAT BAT

BAT BAT BAT

MES PARENTS VOULAIENT QUE JE DEVIENNE UN PULL MAIS JE ME SUIS REBELLÉE

TOUT CE QUI LÈVE, MÊME UN EMPIRE, REDESCEND

TU VOIS?!

POURQUOI SE LEVER?!

J'AI FAIM!

J'AI ENVIE D'UNE PIZZA

© 1992 United Feature Syndicate, Inc.

WHUMP!

MON DÉSIR S'EST ACCOMPLI!

QUE DÉSIRER ENCORE?

POURQUOI PAS UN PEU DE MUSIQUE EN MANGEANT?...

JIM DAVIS 3-15

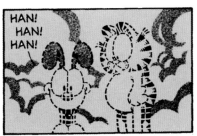

GLOU

POÍT!

SPRING!

HURRRK

FWEEEP

TWOOOT

HARKKRA

OUF!

GLOU

J'ADORE AIDER JON À NETTOYER LE FRIGO!

NOUS INVENTONS DE NOUVEAUX SANDWICHS

À PRÉSENT, SI JE TARTINE LA CONFITURE SUR LES CORNICHONS, LES PETITS POIS RESTERONT EN PLACE...

GARFIELD!

AS-TU BOUFFÉ MA RÉGLISSE?

QUI? MOI?

LE CHAT QUI PELOTE!

TOUS EN CHŒUR!!

HELLO, GROS PARESSEUX!

«CELUI QUI T'INSULTE N'INSULTE QUE LUI-MÊME!»

POURCEAU PLEIN DE PELLICULES!

TOUTEFOIS, MES AVOCATS SONT D'AVIS CONTRAIRE

IL TE FAUT TÉMOIGNER PLUS D'ENTHOUSIASME, GARFIELD!

SNIF!

DRÔLE DE CHAT!

POUR SAVOIR S'IL SENT LE BONBON!

VOILÀ!

JE PEUX PRÉDIRE QUE JON PART POUR LE WEEK-END!

VOYEZ LE VISAGE RADIEUX DE JON QUAND JE FAIS MON ENTRÉE!

BON D'ACCORD, J'AI MAL CHOISI MES MOTS!

CLIC

POF
POF

POF

YAW

PLOP!

BONJOUR
GARFIELD!
DEBOUT!

© 1992 United Feature Syndicate, Inc.

JE DORMIRAIS MIEUX ENCORE SI
J'ÉTAIS ÉVEILLÉ POUR L'APPRÉCIER!

JIM DAVIS 6-28

BIP
BIP
BOP

GLOU
GLOU
GLOU

SELON MES CALCULS, GARFIELD,
TU PEUX CESSER TON RÉGIME

C'EST VRAI?

© 1992 United Feature Syndicate, Inc.

HIP HIP! HOURRA!

YÉ!! YÉ!! YÉ!! YÉ!!

YOUPI!!! YOUPI!!!

ENFIN!!! ENFIN!!!

CE SERAIT UNE BONNE IDÉE
DE FAIRE DE L'EXERCICE

ES-TU
CINGLÉ?

JIM DAVIS 7-26

VOILÀ QUI DEVRAIT ÉLOIGNER LES SOURIS!

ELLES NE POURRONT PLUS VOLER MA BOUFFE...

... À MOINS DE NOLISER UN AVION!

VOYONS QUELLE PRÉDICTION JE TROUVERAI DANS CE BISCUIT CHINOIS!

JE MEURS D'IMPATIENCE!

QUELLE HEUREUSE NOUVELLE M'EST DESTINÉE?

CRAC!

BURP!

«UN ENJOLIVEUR DÉTACHÉ D'UN BOLIDE EN TROMBE SE LOGERA DANS VOS NARINES»

N'OUBLIE PAS DE ME RÉVEILLER!

GARFIELD, POUR DÎNER, TU AS VIDÉ LE FRIGO!

PIÈTRE PLANIFICATION!

AU CONTRAIRE!

QUE FERAS-TU DEMAIN MATIN, HEIN?

JE PROJETTE DE DORMIR JUSQU'À MIDI!

Garfield